Die Berliner Mauer Heute
Steine, Spuren, Erinnerungen
Michael Cramer

Die Berliner Mauer Heute
Michael Cramer
Eva C. Schweitzer

Berlinica Publishing, 2011
Gaudystraße 7, 10437 Berlin
© Berlinica Publishing UG
Lektorat: Christiane Landgrebe
Gedruckt in der EU und den USA
Erweiterte Ausgabe 2024

Alle Rechte vorbehalten unter internationalen und deutschen Urheberrecht. Kein Teil dieses Buches darf genutzt oder reproduziert werden, in welcher Weise auch immer, ohne die schriftliche Erlaubnis des Verlages, außer für Zitate, die in Artikeln und Rezensionen des Buches verwendet werden.

ISBN erweiterte Ausgabe: 978-3-96026-078-3
Vorherige Ausgabe: 978-1-935902-11-9

https://berlinica.com

Fotos
Andreas Schoelzel: Seite 10
Landesarchiv Berlin: Seite 14, 22, 30, 36, 42, 48, 52, 60, 66, 70, 78, 86, 90; Rückseite.
Alle anderen Fotos: Eva C. Schweitzer
Vorwort:
Michael Cramer
Texte zu den Bildern:
Eva C. Schweitzer
Karten: Open Street Map

Titelfoto:
Eva C. Schweitzer; das originale Gemälde ist von Thierry Noir, an der East Side Gallery in Berlin

Die Berliner Mauer Heute

Steine, Spuren, Erinnerungen

Vorwort von Michael Cramer

Fotos von Eva C. Schweitzer

Michael Cramer lebt seit 1974 in Berlin, und arbeitete bis 1995 als Gymnasiallehrer in Neukölln. Er engagierte sich schon früh in der Alternativen Liste Berlin, heute Bündnis 90/Die Grünen und war der langjährige verkehrspolitische Sprecher der Partei im Abgeordnetenhaus. Sein Name ist mit umweltfreundlicher Berliner Verkehrspolitik untrennbar verbunden. Er veröffentlichte 2001 das Buch Berliner Mauer-Radweg und 2009 in drei Bänden den Europa-Radweg Eiserner Vorhang. Seit 2004 sitzt er für die Grünen im Europaparlament und im Ausschuss für Verkehr und Tourismus. Cramer wurde am 16. Juni 1949 in Gevelsberg (Westfalen) geboren und hat in Mainz Pädagogik, Musik und Sport studiert.

"Wo war die Berliner Mauer?"

Von Michael Cramer

„Wo stand eigentlich die Mauer?", fragen sich viele Berlin-Touristen. Denn die Berliner Mauer, die die Stadt 28 Jahre lang teilte, ist heute nur noch an wenigen Stellen sichtbar. Das liegt daran, dass in der Wendezeit nach dem Motto „Die Mauer muss weg" fast alle authentischen Zeugnisse beseitigt wurden, individuell von Berlinern, den „Mauerspechten", die sich ein Stückchen Mauer abschlugen, aber auch von den Behörden der DDR und dann vom Berliner Senat. Hinzu kommt, dass die Entwicklung der Stadt seit der Wende in einem solch rasanten Tempo vorangeschritten ist, dass sich selbst viele Einheimische nur noch schwer an den genauen Verlauf der Mauer erinnern können, weil überall gebaut wurde. Und Jugendliche kennen das Baumwerk nur noch aus den Geschichtsbüchern.

Aber inzwischen denken viele, dass es ein Fehler war, fast alle Spuren der Mauer zu beseitigen, und es gibt viele Initiativen, welche die langjährige Teilung der Stadt für künftige Generationen wieder sichtbar machen wollen. Dieses Buch hält die Überreste der Mauer mit mehr als hundert Farbfotografien fest und kontrastiert diese mit dem früheren Zustand auf Schwarz-weiß-Fotos. Es soll dazu beitragen, die Mauer wieder erlebbar zu machen, als ein Reiseführer für Berliner, aber auch für Besucher zum fünfzigsten Jahrestag des Mauerbaus, der am 13. August 2011 stattfand. *Die Berliner Mauer Heute* zeigt, was von Mauer und Todesstreifen noch übrig blieb; angefangen mit verborgenen Betonteilen in Hinterhöfen oder auf Bauplätzen, an alten Fabrikgebäuden und aufgegebenen Bahnhöfen, bis zu Museen und Gedenkstätten, von den letzten Wachtürmen, den Peitschenlampen, den mit Graffiti überzogenen Resten der sogenannten „Vorder"- und „Hinterlandmauer", die auf der Ost-Berliner Seite errichtet wurde, und den Erinnerungsstätten, die Geschichten derer erzählen, die verfolgt wurden, geflüchtet sind oder aber ihren Fluchtversuch nicht überlebt haben.

Obwohl der größte Teil der Mauer abgerissen wurde, sind doch ein paar Stücke erhalten geblieben; vornehmlich an der Gedenkstätte Bernauer Straße, wo auch ein Museum erbaut wurde, an der Wilhelmstraße, und an der Niederkirchner Straße, wo das Museum der Topographie des Terrors errichtet wurde, und wo das Abgeordnetenhaus von Berlin steht, der frühere Preußische Landtag. Aber auch von den verschwundenen Teilen der Mauer sind noch Spuren geblieben: Der Verlauf der vierzig Kilometer langen innerstädtischen Grenze ist auf der West-Berliner Seite durch eine Doppelreihe Kopfsteinpflaster markiert worden, immer mal wieder unterbrochen durch Kupfertafeln mit der Inschrift: „Berliner Mauer 1961–1989", die sogar durch einige U- und S-Bahn-Stationen verläuft, etwa durch den S-Bahnhof Nordbahnhof. Die Hinterlandmauer ist noch am Nordbahnhof, am Mauerpark in Prenzlauer Berg und an der East Side Gallery erhalten.

Die Opfer der Mauer

Die Mauer um West-Berlin war 160 Kilometer lang und 3,60 Meter hoch. Ihr Aussehen und ihre Lage haben sich aber im Laufe der Zeit verändert — auch als Folge von mehrfachem Gebietsaustausch zwischen Ost und West, zuletzt am Potsdamer Platz. Der Stacheldraht wurde seit Ende der siebziger Jahre durch vorgefertigte Betonsegmente, teils auch durch Metallgitterzäune ersetzt. Neben der „äußeren Grenzmauer" zum Westen mit ihrem charakteristischen Betonwulst auf der Krone wurde bald eine „innere Grenzmauer" weiter östlich gezogen, die heute als Hinterlandmauer firmiert. Zwischen beiden lag der Todesstreifen mit dem „Kolonnenweg", auf dem DDR-Grenztruppen patrouillierten. Auf DDR-Seite durften im angrenzenden Sperrgebiet nur ausgewählte Personen leben. Freunde und Verwandte, die zu Besuch kamen, mussten angemeldet werden, und sie benötigten einen Passierschein. Mehr als dreihundert Wachtürme, taghelle Beleuchtung, Signal- und Alarmzäune sowie Hundelaufgebiete und Panzersperren sollten die Flucht nach West-Berlin verhindern.

Bis zum Mauerbau waren etwa vier Millionen Menschen aus der DDR geflüchtet, von knapp zwanzig Millionen, die nach Kriegsende dort lebten. Aber auch nach dem Bau der Mauer versuchten Menschen immer wieder, die Sperranlagen zu überwinden, trotz der Gefahr. Die West-Berliner Polizei registrierte zwischen 1961 und 1989 insgesamt 5075 erfolgreiche Fluchten an der Mauer, davon 574 Fahnenfluchten von DDR-Grenzsoldaten. Aber viele schafften es nicht. Nach aktuellen Forschungen starben allein in Berlin 136 Menschem; 128 Flüchtlinge und acht Grenzsoldaten. Nach dem Ende der DDR wurden achtzig dieser Todesschützen ermittelt und mussten sich vor Gericht verantworten. Zu einer Bewährungsstrafe wurden 77 verurteilt.

Das erste Opfer, das von DDR-Grenzern erschossen wurde, war der 24-jährige Günter Litfin, der am 24. August 1961 durch den Humboldthafen an das West-Berliner Ufer schwimmen wollte. Eine Gedenktafel an der Sandkrugbrücke erinnert heute an ihn. Der letzte erschossene Flüchtling war der zwanzigjährige Chris Gueffroy, der am 5. Februar 1989 von Grenzsoldaten in einem Kugelhagel getötet wurde. Er hatte versucht, von Treptow aus durch den Britzer Verbindungskanal nach Neukölln ans Ufer in West-Berlin zu schwimmen. Am 21. Juni 2003, dem Tag an dem sein 35. Geburtstag gewesen wäre, wurde an diesem Ort eine Gedenkstele errichtet. Tragisch ist auch der Fall von Peter Fechter, der bei seiner Flucht am Checkpoint Charlie angeschossen wurde und im Todesstreifen langsam verblutete. Die Schicksale der getöteten Flüchtlinge, soweit sie bekannt sind, werden unter www.chronik-der-mauer.de dargestellt.

Schon unmittelbar nach dem Fall der Mauer hatten viele Umwelt- und Verkehrsinitiativen gefordert, den Mauerstreifen als Fahrrad-Rundweg auszubauen. Sie haben den – zum Ostteil gehörenden – Kolonnenweg an vielen Stellen mit einem Fahrrad-Piktogramm versehen. Leider haben DDR-Grenzsoldaten, die bis zum 2. Oktober 1990 noch dafür zuständig waren, ihren Auftrag — „Ihr habt die Mauer aufgebaut, ihr müsst sie nun auch abbauen" — mit preußisch-sozialistischer Gründlichkeit ausgeführt und, an vielen Stellen die Piktogramme entfernt und den Asphaltbelag zerstört. Danach versäumten die Landesregierungen von Berlin und Brandenburg, das Wegerecht zu sichern. Deshalb sind heute sowohl der Kolonnenweg als auch der Zollweg nicht mehr vollständig erhalten. So unterbrechen nicht nur die Trassen der Dresdener Bahn, sondern auch nach der Wende verkaufte und inzwischen bebaute Grundstücke den Mauerweg. Trotzdem kann man immer noch auf den verbliebenen Zoll- und Kolonnenwegen den gesamten Grenzverlauf abradeln.

Schon kurz nach ihrem Fall wurde über den Umgang mit der Mauer heftig debattiert. Damals wollten die Medien und viele Politiker, dass das Symbol der Trennung möglichst schnell aus dem Stadtbild verschwindet. Nur eine kleine Minderheit dachte „über den Tag hinaus", so der Titels eines Buches des früheren Berliner Bürgermeisters Willy Brandt, und setzte sich für die Erhaltung authentischer Teile von Mauer und Grenzstreifen ein. Es waren Einzelpersonen, Vertreter der Denkmalschutzbehörden und Bürgerinitiativen, die verhinderten, dass Gras über die Geschichte wachsen konnte.

Die Spuren der Mauer nach 1989

Dazu zählte auch Willy Brandt selbst, der Berlin von 1957 bis 1966, in der Zeit des Mauerbaus, regiert hatte, 1969 der erste sozialdemokratische Bundeskanzler der Nachkriegszeit wurde und später für seine Ostpolitik mit dem Friedensnobelpreis geehrt wurde. Brandt sagte am 10. November 1989 am John F. Kennedy-Platz vor dem Schöneberger Rathaus, das damals als West-Berliner Rathaus diente, man solle „ein Stück von jenem scheußlichen Bauwerk (...) als Erinnerung an ein historisches Monstrum stehen (zu) lassen, so wie wir seinerzeit nach heftigen Diskussionen in unserer Stadt uns bewusst dafür entschieden haben, die Ruinen der Gedächtniskirche stehen zu lassen".

Auch Michaele Schreyer von den Grünen, die 1989 bis 1990 Senatorin für Stadtentwicklung und Umweltschutz in Berlin war, setzte sich über den Zeitgeist hinweg und stellte die Mauer in der Niederkirchner Straße unter Denkmalschutz, dort, wo einst die Folterkeller der Gestapo waren. Damals wurde sie heftig angefeindet — „die Grünen wollen die Mauer wieder aufbauen" —, heute sind alle dankbar für die authentischen Mauerreste gerade an dieser Stelle. Das Mauermuseum in der Bernauer Straße wurde von Bundeskanzler Helmut Kohl (CDU) durchgesetzt —gegen den erbitterten Widerstand seiner Berliner Parteifreunde, die lieber eine Schnellstraße bauen wollten. Und auch ich selber habe mich zusammen mit meiner Fraktion im Abgeordnetenhaus von Berlin und auch danach dafür eingesetzt, die wenigen verbliebenen Reste der Mauer im Stadtbild sichtbar zu machen.

Zwischen West und Ost gibt es keine gemeinsame Erinnerung. Deutsche im Osten und Deutsche im Westen erinnern sich auf unterschiedliche Art und Weise an die Grenze, auch weil sie von der offiziellen Politik in beiden deutschen Staaten völlig konträr interpretiert worden war. Die SED hatte sie zum „antifaschistischen Schutzwall" im „real existierenden Sozialismus" verklärt. Für den Westen war sie das Symbol der Unfreiheit im realen Sozialismus. Deshalb wurde im März 1996 der künstlerische Wettbewerb „Übergänge" ausgelobt. Es ging darum, durch örtliche Markierungen die Erinnerung an die ehemaligen Grenzübergänge — 1961 gab es insgesamt sieben — im Stadtbild zu bewahren. Darüber hinaus wurde die „Geschichtsmeile Berliner Mauer" geschaffen, deren erste Tafel am 9. November 1999 errichtet wurde, dem zehnjährigen Jahrestag der Maueröffnung. Die viersprachige Dauerausstellung (deutsch, englisch, französisch, russisch) informiert mit dreißig Tafeln über die Teilung, den Mauerbau und die Maueröffnung. Mit Hilfe von Fotografien und kurzen Texten werden Ereignisse geschildert, die sich am Standort zugetragen haben.

Eine dieser Tafeln erzählt die Geschichte des Volkspolizisten Conrad Schumann, der an der Bernauer Straße über die Stacheldrahtrolle sprang, am 15. August 1961, als die Mauer noch im Bau war. Das Foto, aufgenommen von Peter Leibing, ging um die Welt. Hingewiesen wird auch auf den tragischen Fluchtversuch der 58-jährigen Ida Siekmann, die am 22. August 1961 aus ihrem Fenster im dritten Stock des Hauses Bernauer Straße 48 auf den westlichen Bürgersteig sprang und sich tödlich verletzte. Aber auch an erfolgreichen Fluchten in Tunneln wird erinnert.

Die „Geschichtsmeile Berliner Mauer"

Die „Geschichtsmeile Berliner Mauer" wird im Außenbereich des Mauerwegs fortgesetzt, mit vorläufig 17 Informationstafeln an verschiedenen Orten. Mit historischen Fotos auch hier, und Texten in deutsch und englisch wird der Besucher auf exemplarische Orte hingewiesen. Ergänzt werden diese durch Stelen und Gedenkkreuze für die erschossenen oder ertrunkenen Flüchtlinge. Die Stelen sind mit 3,60 Meter genauso hoch, wie einst die Mauer war. Es ist geplant, solche Stelen für alle Berliner Maueropfer aufzustellen. Bislang sind 136 namentlich bekannt, womöglich sind es aber noch mehr.

Zum 50. Jahrestag des Mauerbaus wurde an der Bernauer Straße die neue Gedenkstätte eingeweiht, mit einem Info-Pavillon und dem „Fenster der Erinnerungen". Es gleicht einer Urnengrabstätte, in deren Fächern Bilder der Mauertoten gezeigt werden. Da nicht alle Opfer bekannt sind und nicht von jedem ein Bild existiert, bleiben einige Fächer leer.

Statt martialische Kulissen wieder aufzubauen, wurden Spuren gesichert, Fundamente ausgegraben und Strukturen nachgezeichnet — bis auf den Wachturm aber nichts hinzugefügt, was schon weg war. Der einstige Grenzstreifen ist unbebaut und mit Rasen begrünt, der Kolonnenweg der Grenztruppen zugänglich. Die Mauer wurde aus einer Reihe passierbarer, rostiger Stahlstangen sichtbar gemacht. Dies erinnert nicht nur an den Stahl in der Grenzmauer, sondern auch an den Begriff „Eiserner Vorhang", der Europa teilte. An etwa 120 Erinnerungspunkten markieren eingelegte Stahlplatten Orte von gelungenen und gescheiterten Fluchtversuchen, politischen Aktionen und weiteren Ereignissen. Auch der Verlauf von etwa 10 Fluchttunneln wird im Boden markiert. 22 Themenstationen bieten Informationen per Text, Ton oder Video.

Heute, mehr als 20 Jahre später, ist es möglich, dem Verlauf der Mauer auf dem Berliner Mauerweg zu folgen, mit dem Fahrrad, oder zu Fuß — wobei der Fußweg wegen der vielen Erinnerungsstellen im Stadtzentrum sehr geeignet ist. Es ist eine reizvolle Kombination aus Geschichtswerkstatt und Fahrradtourismus, aus Freizeit, Natur und Kultur. Insbesondere die innerstädtische Strecke zwischen Bornholmer Straße im Norden und dem Schlesischen Busch im Süden, die in diesem Buch beschrieben wird, ist informativ und geschichtsträchtig; sie führt an Orte, die weltweit bekannt sind: Checkpoint Charlie, Brandenburger Tor, Potsdamer Platz, Reichstag.

Dargestellt und ausführlich bebildert werden aber auch Orte wie der Invalidenfriedhof, die Niederkirchner Straße und das „Parlament der Bäume gegen Krieg und Gewalt" des Berliner Künstlers Ben Wagin, dessen kurz nach dem Fall der Mauer geschaffenes Kunstwerk in die Bundestags-Neubauten auf dem östlichen Spreeufer integriert wurde. Auch die weltberühmte East Side Gallery wird in dem Buch abgebildet, und die Bornholmer Brücke, wo die allerersten Ost-Berliner, die am 9. November 1989 die Grenze überschritten haben, mit begeisterten Rufen von West-Berlinern und mit Champagner empfangen wurden.

Der „Berliner Mauerweg" ist inzwischen zum Bestandteil des offiziellen Tourismus-Programms von Berlin geworden, er ist das erste Projekt, das den sanften Tourismus mit dem Stadttourismus verbindet. Die Strecke hat sich in den letzten Jahren zu einem touristischen Highlight entwickelt, das sogar von Fünf-Sterne-Hotels beworben wird, die ihren Besuchern Stadtführer, Karten und Fahrräder zur Verfügung stellen. Und so kann man in Berlin tagsüber mit dem Fahrrad die Geschichte „erfahren" und am Abend die Gegenwart der wiedervereinigten Stadt im klassischen Konzert, in der Oper, aber auch in Clubs oder Freiluftveranstaltungen genießen.

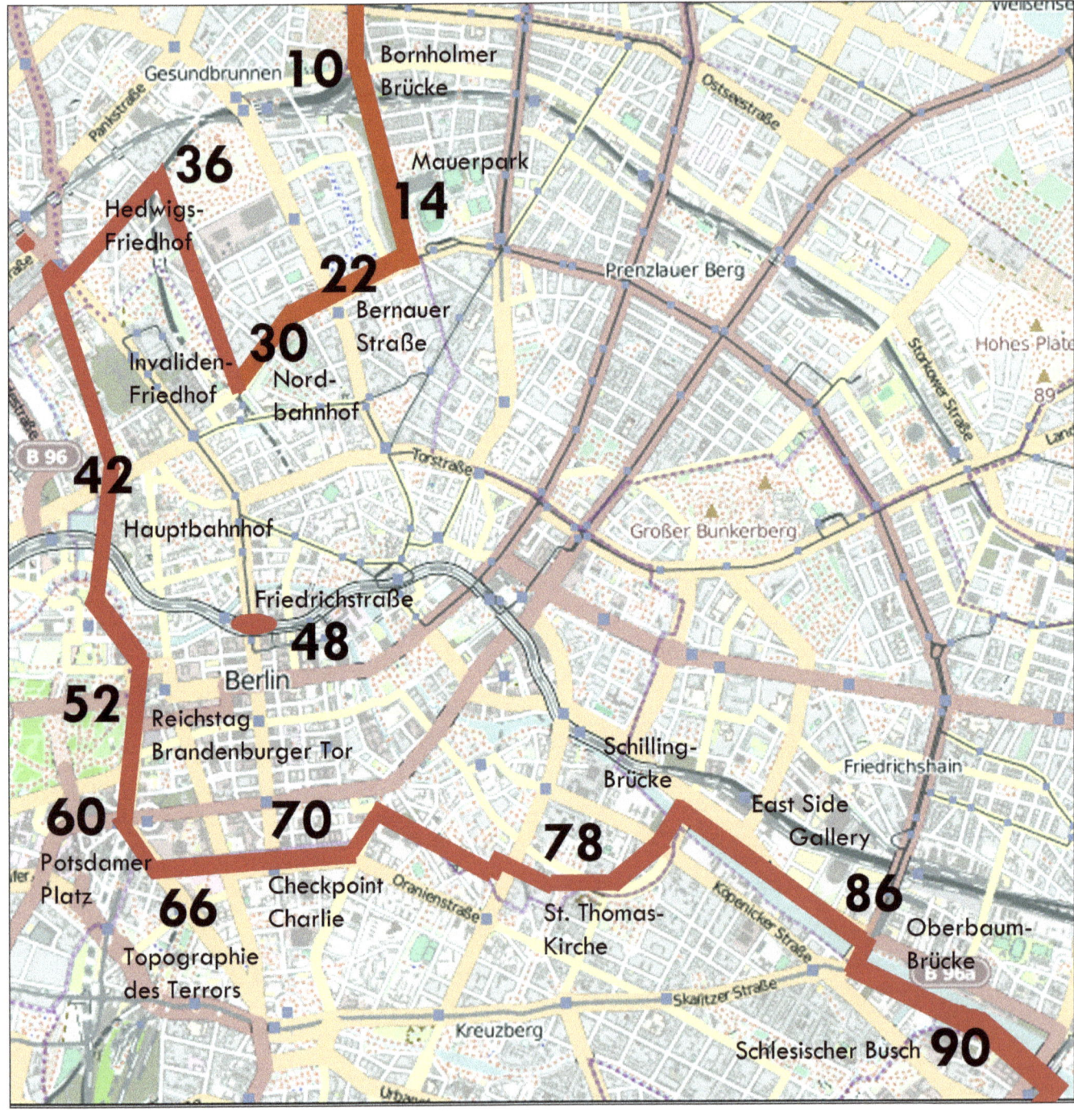

Inhaltsverzeichnis	Seite
Vorwort	4
Bornholmer Straße / Bösebrücke — Prenzlauer Berg / Wedding	10
Mauerpark / Jahn-Stadion — Prenzlauer Berg / Wedding	14
Gedenkstätte Berliner Mauer Bernauer Straße — Mitte / Wedding	22
Nordbahnhof / Pflugstraße — Mitte / Wedding	30
St. Hedwigs Friedhof / Chausseestraße — Mitte / Wedding	36
Wachturm / Invalidenfriedhof / Hauptbahnhof — Mitte / Tiergarten	42
Deutscher Bundestag / Brandenburger Tor — Mitte / Tiergarten	52
Potsdamer Platz / Leipziger Platz — Mitte / Tiergarten	60
Museum der Topographie des Terrors — Mitte / Tiergarten	66
Checkpoint Charlie / Zimmerstraße — Mitte / Kreuzberg	70
Bethaniendamm / Thomaskirche — Mitte / Kreuzberg	78
Oberbaumbrücke / East Side Gallery — Friedrichshain / Kreuzberg	86
Wachturm / Harzer Straße — Treptow / Neukölln	90

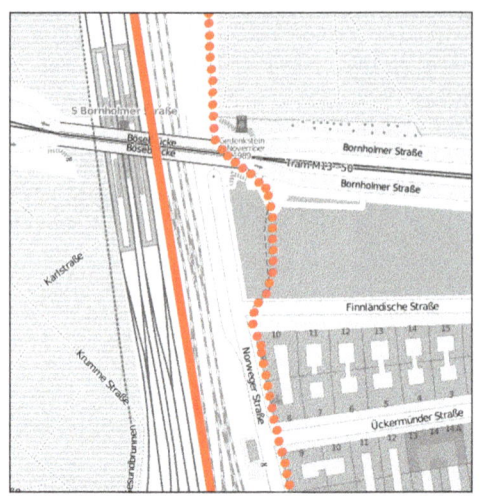

Bornholmer Straße Bösebrücke

Prenzlauer Berg — Wedding

Der 9. November 1989 war eine kalte, nebelige Nacht; die Nacht, als die Berliner Mauer fiel, 28 Jahre nach ihrem Bau am 13. August 1961. Um 19 Uhr 30 trat Günter Schabowski, SED-Bezirksleiter von Ost-Berlin, vor laufende Kameras und erklärte, dass DDR-Bürger ab sofort ausreisen dürften. Kurz darauf liefen Tausende von Ost-Berlinern zu den Grenzkontrollstellen und verlangten, lauter und lauter, die Öffnung.

Endlich, gegen 22 Uhr 30, trafen nervöse Grenzoffiziere an der Bornholmer Straße die Entscheidung und öffneten den Schlagbaum. Glückliche Menschen, gefolgt von hupenden Autos, strömten in den Westen. West- und Ost-Berliner umarmten einander. Innerhalb der nächsten anderthalb Stunden öffneten alle Checkpoints. Berlin feierte eine lange, glückliche Nacht.

Heute verbindet die Bornholmer Brücke wieder Pankow und Wedding. Die Brücke, eine Stahlkonstruktion von 1913, war ursprünglich nach dem Reichspräsidenten Paul von Hindenburg benannt. 1948 benannte der Ost-Berliner Magistrat sie in Wilhelm-Böse-Brücke um, nach einem Widerstandskämpfer, der von den Nazis exekutiert wurde. Die Berliner nennen sie heute Bornholmer Brücke. Auf der nordöstlichen Seite blieb ein langes Stück der Hinterlandmauer, das seit 2001 unter Denkmalschutz steht. Ein Mahnmal erinnert mit 23 Bäumen, einer Zeitleiste und Zitaten auf rostigem Stahl und Schautafeln mit Fotoaufnahmen an die einzelnen Momente der Maueröffnung. Von Norden kommend, kann man den Tagesablauf von 9 bis 24 Uhr nachvollziehen.

Oben links: Die Hinterlandmauer an der Bornholmer Straße
Links: Ein Zitat von Willy Brandt, Berliner Bürgermeister und Bundeskanzler: "Berlin wird leben, und die Mauer wird fallen."
Oben: Eine Straßenbahn kreuzt die Brücke. 1953 wurde es Frauen in West-Berlin verboten, Straßenbahnen zu steuern, nicht aber im Osten. Als eine Straßenbahnfahrerin im Januar 1953 über die Brücke in den Westen fahren wollte, wurde sie von der West-Berliner Polizei zurückgeschickt. Der Osten nahm diese Provokation als Anlass, acht Jahre vor der Mauer das Straßenbahnnetz zu spalten. In West-Berlin fuhr 1967 die letzte Bahn, vom Zoo nach Spandau. Erst nach dem Mauerfall fuhr die Straßenbahn wieder über die Brücke in den Westen.
Unten: Ein Zitat aus der Nacht, als die Mauer fiel, auf einem Kupferband im Bürgersteig eingelassen: "Wir fluten jetzt! Wir machen alles auf! – Stasi-Offizier."
Rechte Seite: Der Blick von der Bornholmer Brücke auf die Stadtmitte, mit dem Fernsehturm und der Marienkirche.

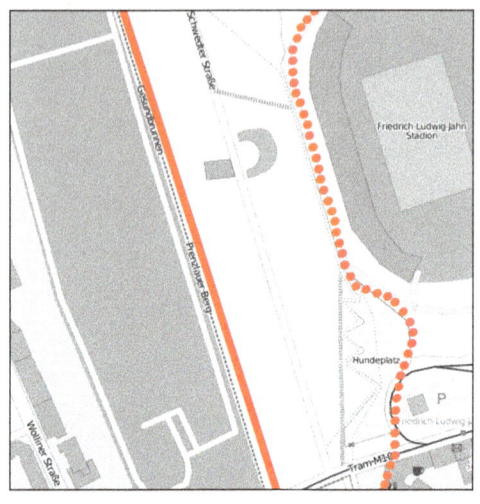

Mauerpark
Jahn-Stadion

Prenzlauer Berg — Wedding

Wo heute der Mauerpark liegt, war einst der unwirtliche Grenzstreifen, mit Wachtürmen, Patrouillen und Schäferhunden, an der Schwedter Straße und dem alten Eberswalder Güterbahnhof. Als die Mauer Wedding von Prenzlauer Berg trennte, wurden die letzten Gebäude abgerissen und die Gleise aufgegeben. Das nahe Fußballstadion, das für Hertha BSC gebaut worden war, lag nun unerreichbar im Osten. Daraus wurde das Stadion für den BFC Dynamo, der mit der Stasi assoziiert war. Heute heißt es Friedrich-Ludwig-Jahn-Stadion.

Das Stadion mit seinen weithin sichtbaren Flutlichtern ist tatächlich ein großes Sportfeld, mit Tennisplätzen, einem Feld für Strandvolleyball und einer Laufrunde für Jogger. Es ist das zweitgrößte Sportfeld in Berlin, das von vielen Clubs genutzt wird, auch für Konzerte: 1992 trat hier Michael Jackson, der *King of Pop*, auf. Gleich daneben ist eine neue Sporthalle entstanden, die Max-Schmeling-Halle, benannt nach dem Berliner Boxer; hier spielen die Reinickendorfer Füchse Handball, auch Rock-und Popsternchen singen gelegentlich in der Halle.

Ein paar hundert Meter der alten Hinterlandmauer entlang der Max-Schmeling-Halle sind noch erhalten, auch ein paar der alten Gleise. Aus dem Mauerpark ist ein internationaler Sommertreffpunkt geworden, mit einem Basketballfeld, Boule, Grillplätze, einem Amphitheater, in das am Wochenende Tausende zum Karaoke kommen, und einem großen Flohmarkt.

Links: Die gebrauchten Klaviere gehören zu einem der vielen Kunstprojekte der Stadt Berlin. Bands, meist Amateure, treten im Sommer im Schatten der Hinterlandmauer auf, auch Straßenkünstler, und spontane Rockkonzerte finden statt.

Unten: Kinder und Erwachsene freuen sich über diese Schaukeln, auf denen man eine Aussicht auf den Wedding hat. In dem alten Arbeiterbezirk wohnen heute viele türkische und arabische Familien.

Rechte Seite: Am Rande des Mauerparks findet jeden Sonntag einer von Berlins größten Flohmärkten statt. Hier findet man allerlei seltsames, von selbst gemachten T-Shirts bis zu DDR-Orden und angeschlagenem Porzellan, oder auch, wie auf dem Bild, ein altes Grenzschild. Inzwischen wurde das Parkgelände erweitert; es gibt auch neue Wohnungen.

Graffitis sind im Mauerpark legal, aber nur, wenn sie auf auf die Hinterlandmauer gesprüht werden, auf dem Foto gegenüber abgebildet. Aber die Kunst hält nie lange, weil schon bald der nächste Sprayer mit seiner eigenen Dose kommt und ein neues Gemälde anfertigt.
Unten: Auf dem Sandplatz am Mauerpark wird am Wochenende Boule gespielt.

Gegenüber: Von nördlichen Teil des Mauerparks können Besucher auf die S-Bahn-Gleise bis zur Bornholmer Brücke blikken. Der Park verläuft über den Gleimtunnel, der heute Prenzlauer Berg und Wedding verbindet. Vor 1989 war der Tunnel geschlossen. Heute führen Treppen zum Park hinauf. An den S-Bahn-Gleisen entlang führt ein Grünzug Richtung Nordosten.

Ganz links: "Zutritt nur für Schriftsteller", ist wohl nicht ganz ernst gemeint.

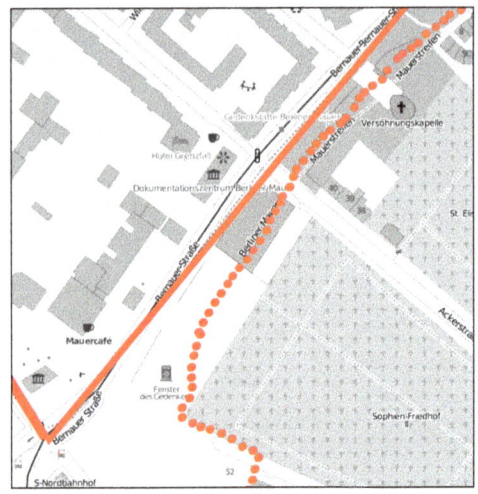

Mauergedenkstätte Bernauer Straße

Mitte — Wedding

Das erste Maueropfer, die 58-jährige Ida Siekmann, lebte an der Bernauer Straße. Am 22. August 1961, neun Tage nach dem Mauerbau, sprang sie aus ihrem Wohnzimmer im dritten Stock. Zuvor hatte sie Kissen und ihre Bettdecke auf den Bürgersteig geworfen — der zu West-Berlin gehörte — aber der Aufprall war zu hart. Sie starb. Ein paar Tage zuvor war ein Grenzsoldat namens Conrad Schumann über die Mauer gesprungen, als sie noch im Bau war, und war entkommen.

Die Mauer trennte die Bernauer Straße in ihrer gesamten Länge, vom heutigen Mauerpark bis zum Nordbahnhof. Sie war direkt vor den Wohnhäusern auf der Ost-Berliner Seite errichtet worden. Die Häuser wurden vermauert und geräumt. Viele Anwohner versuchten zu fliehen. 29 schafften es durch einen Tunnel, der erst im Jahr 2000 entdeckt wurde; 57 weitere flohen durch einen Tunnel an der Strelitzer Straße.

Heute ist die Bernauer Straße der einzige Ort in Berlin, an dem anderthalb Kilometer der Mauer bewahrt worden sind. Das Areal ist nun ein Museumsgelände mit einer Freiluft-Ausstellung. Im Foto auf der rechten Seite ist die eigentliche Mauer im Vordergrund zu erkennen, die Hinterlandmauer ist weiter entfernt, dazwischen liegt der Todesstreifen mit dem dunkelgrauen Kolonnenweg, einem Wachturm, „archäologischen Fenstern" mit Lampen, Grenzleuchten, Tunnelresten, und einem „Fenster der Erinnerung" für die Opfer. An der gegenüberliegenden Straßenseite wurde eine Aussichtsplattform errichtet.

Das Mauermuseum ist von Dienstag bis Sonntag von 9 Uhr 30 bis 19.00 Uhr geöffnet (im Winter bis 18.00 Uhr). Das Museum bietet geführte Touren an. Auf dem Außengelände kann man Bandaufnahmen lauschen.

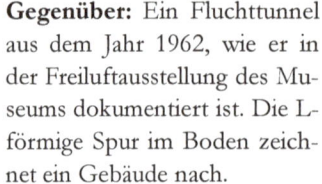

Gegenüber: Ein Fluchttunnel aus dem Jahr 1962, wie er in der Freiluftausstellung des Museums dokumentiert ist. Die L-förmige Spur im Boden zeichnet ein Gebäude nach.
Links: Das berühmte Bild eines Soldaten, der Minuten vor der Schließung der Mauer flieht, wurde als Skulptur verewigt.
Links: Die Einweihung des Mahnmals am 13. August 2011; mit dem Tanzprojekt *Between The Bricks,* das die Überwindung der Mauer symbolisiert.
Unten: Diese Nachbildung eines Kellers ist ebenfalls Teil der Freiluft-Ausstellung. Dieses Wohnhaus wurde, wie auch die anderen auf der Südseite der Bernauer Straße, nach dem Mauerbau von den Ostberliner Behörden abgerissen.

Gegenüberliegende Seite: So sah die Mauer von West-Berlin gesehen aus.
Links: Originale Mauerplatten in der Außenausstellung des Museums.
Rechts: Dieses Kreuz markiert eine Gedenkstätte auf dem St. Sophien-Friedhof. Die Mauer durchtrennte eines der Massengräber aus dem Zweiten Weltkrieg.
Unten: Die 1986 von der SED gesprengte Kirche der Versöhnung wurde nach dem Mauerfall als Kapelle wieder aufgebaut und ist ebenfalls Teil der Dauerausstellung. Die Lamm-Medaille links unten wurde vor der Zerstörung gerettet.

Oben: Das Mauercafé serviert Erfrischungen für die vielen Besucher der Gedenkstätte.
Unten: Das „Fenster der Erinnerung" für die Berliner, die an der Mauer ermordet wurden. Die Fotos der Opfer, soweit sie bekannt sind, sind hier ausgestellt.

Nach der Vereinigung beauftragte die Stadt Berlin eine Doppelreihe aus Pflastersteinen, um den Verlauf der ehemaligen Mauer zu markieren, immer mal wieder ergänzt durch die Plakette *Berliner Mauer 1961 – 1989*. An der Bernauer Straße aber ist der Verlauf der Mauer mit rostigen Stahlstangen markiert. Sie gehen in die Pflastersteinreihe über, beginnend an der Gartenstraße, wo auch der Nordbahnhof liegt.
Rechtes Bild: Die letzten Überreste der Hinterlandmauer an der Bernauer Straße bei Nacht, wenn keine Touristen mehr da sind —oder nur wenige.

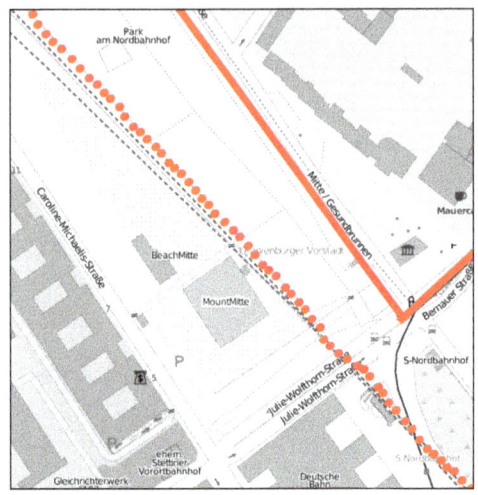

Nordbahnhof Mount Mitte

Mitte — Wedding

Auf dem Nordbahnhof liefen vor dem Zweiten Weltkrieg die Züge aus Stettin und Danzig ein. Der Bahnhof, der 1841 erbaut und 1876 vergrößert wurde, hieß ursprünglich Stettiner Bahnhof, nach der Stadt an der Ostsee. Im Zweiten Weltkrieg wurde er schwer beschädigt. Nachdem die Mauer errichtet worden war, fanden sich die Bahnhofsruine und die verzweigten Gleise im Niemandsland zwischen Ost- und West-Berlin wieder. 1952 wurde es West-Berlinern verboten, das Areal zu betreten. Kurz darauf wurde der Bahnhof geschlossen und das Gebäude abgerissen.

Heute ist nur noch die S-Bahn-Station Nordbahnhof übrig,. Hier verläuft die Nord-Süd-Strecke, die am Brandenburger Tor hält. Sie wurde von 1936 bis 1939 erbaut. Nach dem Bau der Mauer stoppte die S-Bahn nur noch am Grenzübergang Friedrichstraße, sonst schlich sie durch „Geisterbahnhöfe", die von schweigenden Soldaten bewacht wurden. Im Westen wurde die S-Bahn nach und nach stillgelegt.

Der Tunnel ist nun renoviert, alle Stationen wurden wieder geöffnet. Eine Ausstellung im Nordbahnhof erzählt von den Geisterbahnhöfen. Der Vorplatz wurde ebenfalls renoviert, hier sind nun Platten verlegt, auf denen die Namen der Städte an der Ostsee eingraviert wurden, zu denen die Züge damals fuhren.

Rechte Seite: Wo früher die Gleise verliefen, ist heute ein Park, begrenzt von der Hinterlandmauer. Das grüne S-Bahn-Schild ist am Horizont zu erkennen.

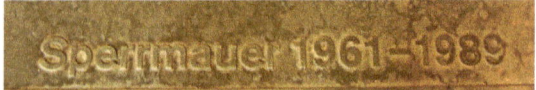

Rechte Seite, oben: „Mount Mitte", ein Park, den Freizeitsportler besteigen können; der „Berg" ist 200 Meter hoch. Er wurde 2010 konstruiert. Am Gerüst hängen Trabis, ein VW-Käfer und ein Strandkorb.
Links: Der Pfad aus Pflastersteinen markiert die Mauer auch im Park.
Unten: Der S-Bahnhof Nordbahnhof. Im Pflaster vor dem Bahnhof erinnert ein Metalltafel an zwei geflüchtete Grenzsoldaten.

Oben: Blick in einen Hinterhof in der Pflugstraße in Mitte. Hier verlief jahrzehntelang die Hinterlandmauer. Sie blieb hier stehen wegen der unten verlaufenden S-Bahn-Gleise. Im Hintergrund ist die Kirche St. Sebastian. **Rechte Seite:** Vor dem Mauerbau konnte das Nordbahnhofgelände von der Gartenstraße aus über Treppen betreten werden..

Die DDR hatte all diese Treppen mit Ziegelsteinen vermauert, damit niemand auch nur in die Nähe der Hinterlandmauer gelangen konnte. Heute sind die Treppen wieder offen, außer dieser einen — auf der rechten Seite abgebildet —, die als „archäologisches Fenster" erhalten wurde. Obwohl dieses „Fenster" durch ein Drahtgitter gesichert ist, gelang es Sprayern, hier einzudringen.

Unten: Ein Graffiti auf der Hinterlandmauer.

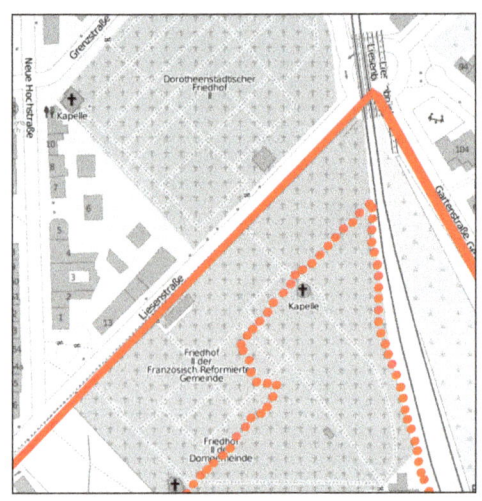

Hedwigsfriedhof Chausseestrasse

Mitte — Wedding

Die Mauer verlief mitten durch drei Friedhofe, den St.-Hedwigs-, den Französischen und den Dom-Friedhof. Die DDR-Regierung schloss die Friedhöfe und zerstörte viele Gräber. Aber auch im Zweiten Weltkrieg waren bereits Gräber durch die Bombardements verwüstet worden.

Der Friedhof aus dem Jahr 1834 ist der älteste Begräbnisplatz für Katholiken in Berlin. Hier liegen viele Berühmtheiten, darunter Daniel Liszt, Sohn des Komponisten Franz Liszt, Marianne Schadow, die Frau des Bildhauers Johann Gottfried Schadow, und Bernhard Lichtenberg, ein Priester, der gegen die Nazis gekämpft hat. Auch rund 1500 Opfer einer Cholera-Epidemie des 19. Jahrhunderts sind hier in einem Massengrab bestattet.

Rechts: Einige Mauersegmente sind an der Liesenstraße stehen geblieben, an der Grenze zum Friedhof, ein paar Meter über Straßenniveau. Die S-Bahn fährt hier vom Nordbahnhof über die Schwindsuchtbrücke und durch den Humboldthain. Hier standen im Zweiten Weltkrieg zwei Flaktürme, von denen einer nach 1945 abgerissen wurde. In dem anderen ist nun ein Museum der Vereins *Berliner Unterwelten*.

Oben: Die Marmorengel, hier im Sonnenuntergang, sind wieder am alten Ort. Dahinter ist die Schwindsuchtbrücke mit der S-Bahn.

Links: Theodor Fontane, der große Berliner Journalist, Autor und Dichter, der von Hugenotten abstammt, wurde neben seiner Frau Emilie auf dem Französischen Friedhof beerdigt. Ihr Grab wurde im Zweiten Weltkrieg zerstört. Es wurde restauriert, aber ihre Knochen sind verloren. Auch Leopold Arends, der Erfinder der Stenographie, fand hier seine letzte Ruhe.

Rechte Seite: Ein Teil der Hinterlandmauer, die den Friedhof nach dem Mauerbau zerschnitten hat, blieb als Mahnmal erhalten.

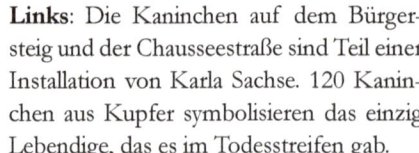

Links: Die Kaninchen auf dem Bürgersteig und der Chausseestraße sind Teil einer Installation von Karla Sachse. 120 Kaninchen aus Kupfer symbolisieren das einzig Lebendige, das es im Todesstreifen gab.

Oben, Rechtes Bild: Wer dachte denn, dass die Mauer völlig verschwindet — an der Chausseestrasse wurde sie sogar wieder aufgebaut! Dies ist die Kulisse für den Film *Russendisko*, der nach dem gleichnamigen Bestseller vom Wladimir Kaminer gedreht wurde und der 2012 in die Kinos kam. In dem Buch geht es um die Alltagsabenteuer des ins Russland geborenen Autors und seiner Freunde Mischa und Andrej; Matthias Schweighöfer spielt Kaminer im Film. Die Mauerteile sind echt. Im Film wurden sie allerdings mittels des *Bluescreen*-Verfahrens optisch verlängert. Sie wurden von der Filmgesellschaft gemietet, wurden aber erst einmal auf dem Gelände stehengelassen. Inzwischen allerdings wurden wie abgeräumt.

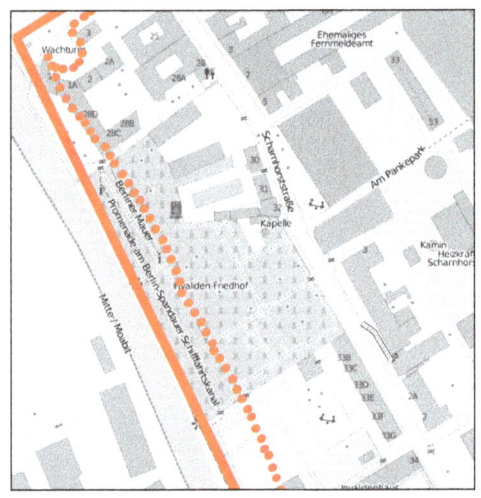

Invalidenfriedhof Hauptbahnhof

Mitte — Tiergarten

Günter Litfin war der erste Flüchtling, der nach dem Mauerbau erschossen wurde. Am 24. August 1961 versuchte der 24-Jährige zu fliehen, indem er in den Berlin-Spandauer Schifffahrtskanal sprang. Er wurde sofort von Grenzsoldaten getötet. Seine Leiche wurde ein paar Stunden später aus dem Wasser gefischt (Foto unten). Eine Gedenktafel an dem Wachturm (Foto gegenüber) erinnert an seinen Tod.

Der frühere Wachturm an der Kieler Straße, in der Nähe des Kanals, ist heute denkmalgeschützt. Er liegt nun im Hof einer Neubauanlage. Die Flagge der DDR im Fenster blieb hängen. Den Turm hat der Bruder von Günter Litfin zu einem Museum umgebaut, er kann nach Voranmeldung besichtigt werden.

Die Mauer verlief am Schifffahrtskanal entlang bis zum Humboldthafen, wo heute der neue Hauptbahnhof ist. Der Mauerweg führt am alten Hamburger Bahnhof vorbei, in dem sich ein Museum für Moderne Kunst befindet, und an der Sandkrugbrücke. Im Mai 1963 versuchten hier zwölf junge Menschen zu fliehen, sie wollten mit einem Minibus die Kontrollstelle an der Invalidenstraße durchbrechen. Sie wurden von Grenzern gestoppt, die auf den Bus schossen und die Fliehenden verwundeten.

Heute können Fußgänger und Radfahrer am Kanal entlanglaufen oder fahren, und dabei dem ausgeschilderten Berliner Mauerweg folgen. Aber abgesehen von ein paar Gedenktafeln ist von der Mauer hier nichts mehr übrig.

Die Mauer schnitt mitten durch den Invalidenfriedhof, einer Militärfriedhof von 1748, einer der ältesten in Berlin. Viele Preußische Offiziere, die in den Befreiungskriegen gegen Napoleon gekämpft haben, ruhen hier, wie Gerhard General von Scharnhorst (links oben) und Friedrich Graf Tauentziehn von Wittenberg. Auch Kampfpiloten des Ersten Weltkriegs waren hier begraben — deshalb ist die Grabstelle oben rechts mit einem Propeller geschmückt. Darunter lagen Manfred von Richthofen, der "Rote Baron", und Marga Wolff, eine der ersten Frauen der Welt, die 1930 Langstrecke flog. Sie beging im Alter von 25 Jahren Selbstmord, als ihr Flugzeug nach einer Bruchlandung im Syrien nicht mehr starten konnte. Beide Gräber sind heute verschwunden.

Die Nazis wollten den Friedhof erst schließen, aber dann beschlossen sie doch, ihn zu nutzen. So wurde etwa Reinhard Heydrich hier begraben, der Reichsführer SS, der von tschechischen Aufständischen mit einer Granate getötet wurde. Aber auch Mitglieder des Widerstands gegen die Nazis wurden hier bestattet. In den allerletzten Tagen des Zweiten Weltkriegs wurde mitten auf dem Friedhof gekämpft. Mindestens 35 Zivilisten sind in einem Massengrab beerdigt; sie und andere Kriegstote werden auf der Gedenktafel rechts geehrt.

1945 konfiszierten die Alliierten den Friedhof; um ihn einzuebnen, da sie ihn als militärisches Erbe sahen. Das geschah dann doch nicht. Aber nachdem die Mauer gebaut wurde, ließ die DDR-Regierung fast 250 Grabsteine zerstören oder entfernen. Nach der Vereinigung konnte nur ein Teil davon wieder gefunden und restauriert werden. Heute ist das Stück Hinterlandmauer, das noch über den Friedhof verläuft, ein Denkmal.

Der Berliner Mauerweg passiert den neuen Hauptbahnhof, der die alten Bahnhöfe ersetzt, die im Krieg zerstört wurden. Die riesige Glashalle, die von dem Hamburger Architekturbüro Gerkan, Marg und Partner entworfen wurde, bedeckt die Ost-West-Gleise, dazu viele Läden, Cafés und Restaurants. Die Gleise von Norden nach Süden verlaufen unterirdisch.

Heute stoppen Züge von Paris nach Warschau an Bahnsteigen, von denen aus der Potsdamer Platz, das Kanzleramt, und der restaurierte Reichstag zu sehen sind. Eine neue U-Bahn verbindet den Bahnhof mit dem Alexanderplatz. Alles, was von der Mauer übrig ist, ist der Pflastersteinpfad mit der Inschrift *Berliner Mauer 1961-1989* (rechts und links).

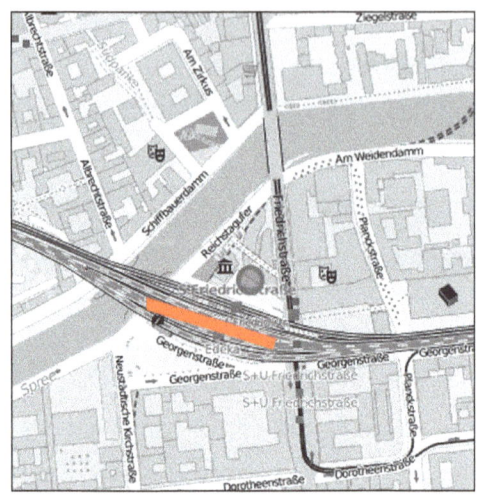

Friedrichstraße Tränenpalast

Kreuzberg / Mitte Wedding

Bahnhof Friedrichstraße war ein Grenzübergang mitten in Ost-Berlin, ein Bahnhof, unter dem die S-Bahn und die U-Bahn aus West-Berlin hielten. Fahrgäste aus West-Berlin, Westdeutschland und dem Ausland passierten hier Kontrollkabinen, bevor sie den Ostteil der Stadt betraten. Die oberirdischen Bahnsteige waren durch eine Metallwand getrennt, sodass Fahrgäste aus dem Osten nicht in den Westen gelangen konnten. Es gab auch eine geheime „Agententür", durch die 1976 Terroristen der westdeutschen RAF mit Hilfe der Stasi in den Osten verschwanden.

Gegenüber: Das Eingangsgebäude zum Grenzübergang, das 1962 gebaut wurde, hieß Tränenpalast. Hier verabschiedeten sich die Ostberliner von ihren Verwandten und Freunden, die Mitternacht in den Westen zurückkehren mussten.

Heute ist der Tränenpalast ein (kostenloses) Museum, das dem ehemaligen Grenzübergang gewidmet ist. Es wird vom Haus der Geschichte betrieben. Zu sehen sind Passhäuschen, Grenzschilder und Koffer von Ostberlinern, denen vor 1989 die Flucht gelang, auch Videomaterial aus DDR-Zeiten, Mauerteile und ein nachgebauter „Intershop", der zollfreie Spirituosen und Zigaretten gegen Westwährung verkaufte; eine wichtige Einnahmequelle für das DDR-Regime. Vor 1989 gab es einen Intershop auf dem Bahnsteig. Aber wer dort einkaufte, musste dem West-Berliner Zoll aus dem Weg gehen.

Links: Die Ausstellung im Tränenpalast-Museum zeigt einen nachgebauten Intershop mit den westlichen Waren, die es damals dort gab.
Unten: Im Museum befindet sich auch eine nachgebaute Grenzkontrolllstelle, wo der Besucher seinen Reisepass zeigen kann. Das Schild weist auf den Fernzug, die S-Bahn und die U-Bahn hin. Das Museum am Bahnhof Friedrichstraße ist Dienstag bis Freitag von 9 bis 19 Uhr sowie Samstag und Sonntag von 10 bis 18 Uhr geöffnet.

Gegenüber: Dieses Stück der Berliner Mauer steht vor dem Westin Hotel in der Friedrichstraße, in der Nähe des ehemaligen Grenzbahnhofs. Touristen, wie dieser junge Mann aus Hannover, nutzen es gerne, um für Fotos zu posieren.

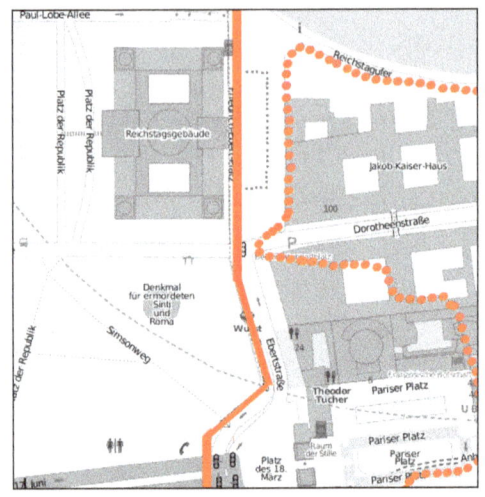

Reichstag Brandenburger Tor

Mitte — Tiergarten

Jahrzehntelang war der Reichstag von der historischen Stadtmitte durch die Mauer getrennt. Das Gebäude, das 1841 von Paul Wallot errichtet wurde, war Sitz des ersten deutschen Parlaments gewesen. 1933 wurde der Reichstag in Brand gesetzt; von wem, ist noch immer umstritten. 1945, als Berlin fiel, zog die Rote Armee ihre Fahne über der ausgebombten Hülle auf. Als die Stadt geteilt wurde, lag der Reichstag im Grenzgebiet von West-Berlin, nutzlos und leer. Die letzten Reste der Glaskuppel wurden 1954 abgetragen.

Zehn Jahre später wurde das Gebäude renoviert, aber nur gelegentlich vom Bundestag genutzt, der aus Bonn einflog. Erst nach der Vereinigung wurde es von dem britischen Architekten Sir Norman Foster umfassend restauriert. Nun bietet eine neue Glaskuppel einen spektakulären Blick über die Stadt. Auch einige Einschusslöcher aus dem Krieg wurden in den Mauern gelassen.

Der Verlauf der Mauer ist heute im Pflastersteinpfad zu erkennen, zwischen dem Reichstag und dem ebenfalls renovierten Reichstagspräsidentenpalais. An der Spree stehen ein dutzend Kreuze mit den Namen von Flüchtlingen, die erschossen wurden oder ertranken. Nahebei liegt ein Denkmal für die 96 Parlamentarier der Weimarer Republik, die von den Nazis ermordet wurden.

Rechte Seite: Das Paul-Löbe-Haus, Büros für Abgeordnete, ist nach dem letzten Reichstagspräsidenten der Weimarer Republik benannt, ein Sozialdemokrat, der von den Nazis verhaftet wurde. 1949 wurde Löbe Alterspräsident des Deutschen Bundestags.

Besucher aus der ganzen Welt kommen heute zum Reichstag. Viele steigen in der Kuppel nach oben, um die Aussicht zu bewundern, andere genießen eine Pause auf dem Rasen.

Links: In den U-Bahn-Stationen „Reichstag" und „Brandenburger Tor" sind die Wände mit historischen Fotos und Zitaten aus dieser Zeit dekoriert.

Unten: Hier verlief die Mauer zwischen dem Reichstag und dem Paul-Löbe-Haus, erkennbar an den Pflastersteinen.

Rechtes Bild: Diese Kreuze gegenüber dem Reichstag erinnern an die Mauertoten. Sie wurden von Privatleuten angebracht, darunter Gustav Rust, der in der DDR im Gefängnis saß.

Hinter dem Reichstag liegt das „Parlament der Bäume gegen Krieg und Gewalt", konzipiert von dem Berliner Künstler Ben Wagin. Ursprünglich bestand es aus drei Teilen: 16 Bäume, die die Bundesländer nach der Vereinigung symbolisierten, dem grünen Denkmal „Europa Erde Werde", das nach der Wende dem Haus der Bundespressekonferenz weichen musste, und 400 Bäume, die von Parlamentariern und Abgeordneten aus Ost und West im Herbst 1990 gepflanzt wurden. Von denen sind noch 100 erhalten. Auch 58 Mauersegmente stehen noch an ihrer originalen Stelle. Diese Mauerreste, die einzigen im Regierungsviertel, sind auch die einzigen, die nicht unter Denkmalschutz stehen.

Rechtes Bild: Auch an die sowjetischen Soldaten, die 1945 im Kampf um den Reichstag getötet wurden, wird als „Unbekannte Opfer" erinnert.

Oben links: Ein Wegweiser am Schiffbauerdamm, am Bahnhof Friedrichstraße, der auf das Parlament der Bäume hinweist.

Oben rechts: Der Skulpturengarten im Tiergarten wurde 1961 von dreizehn Künstlern angelegt, darunter Wagin; als Protest gegen die Mauer. Im Hintergrund ist die Kuppel des Reichstags zu sehen.

Das Brandenburger Tor wurde 1791 erbaut und war in der Preußenzeit der traditionelle Eingang in die Stadt. Könige und Prinzessinnen fuhren in Kutschen vom Schloss Charlottenburg durch das klassizistische Tor zum Berliner Schloss. Am 18. März 1848 gab es am Tor Straßenaufstände gegen die preußische Obrigkeit, die Märzrevolution. Als 1961 die Mauer gebaut wurde, wurde das Tor mit Stacheldraht versperrt.

Es wurde zum Symbol der geteilten Stadt. Als die Grenzkontrollstellen im November 1989 geöffnet wurden, kletterten Hunderte von West-Berlinern auf die Mauer vor dem Brandenburger Tor, um einen Blick in den Osten zu erhaschen, während Grenzer Wache standen — Bilder, die um die ganze Welt gingen.

Heute ist das Brandenburger Tor samt der Quadriga renoviert, auch das Areal um das Tor wurde restauriert, mit dem Pariser Platz. Die Botschaften der westlichen Alliierten, die bis 1945 hier lagen, wurden neu errichtet: Die der Franzosen, die der Briten um die Ecke in der Wilhelmstraße und die der Amerikaner, im Foto oben links. Davor steht ein Indianer, einer von vielen Musikern und Straßenkünstlern am Pariser Platz, die jonglieren, Gitarre spielen oder für Fotos posieren.

Von der Mauer ist nur noch die Doppelreihe von Pflastersteinen vor dem Tor übrig, zwischen den vielen Autos kaum noch zu erkennen. Der Vorplatz des Tores heißt heute "Platz des 18. März", zum Gedenken an die Märzgefallenen.

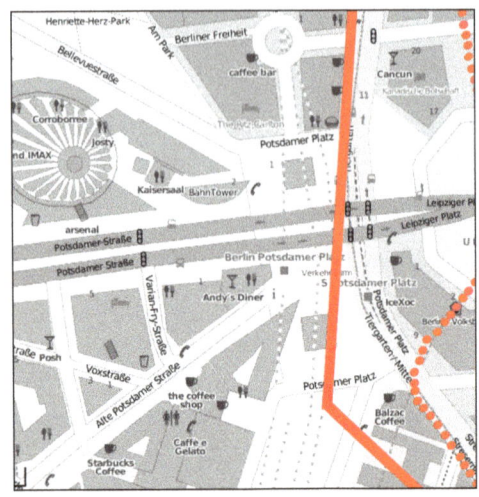

Potsdamer Platz
Leipziger Platz

Mitte — Tiergarten

Das alte Herz von Berlin, der Potsdamer Platz, war für seine Cabarets, Bars, Cafés und Luxushotels berühmt, das *Hotel Fürstenhof* oder das *Esplanade*. Im Haus Vaterland, wo die UFA saß, befand sich eines der größten Kinos Berlins. Auch die erste Rundfunksendung Deutschlands kam 1923 vom Potsdamer Platz, aus dem Vox-Haus. Ein Jahr später wurde hier die erste Verkehrsampel errichtet. Der Platz wurde erst 1943 von alliierten Bomben zerstört, dann von der Mauer.

Nach dem Mauerbau wurden die letzten Ruinen abgerissen, im Osten wie im Westen. West-Berlin riss die Ruine des Anhalter Bahnhofs ab, um Platz für die Westtangente zu schaffen, eine Stadtautobahn, die nie kam. Nur das *Weinhaus Huth* und ein Teil des *Esplanade* blieben übrig. In den achtziger Jahren drehte Wim Wenders hier den Film *Der Himmel über Berlin*, im Schatten der Mauer.

Heute stehen noch drei Elemente der Mauer an ihrem ursprünglichen Platz, auf dem Bürgersteig am S-Bahn-Eingang. Hier beginnt der Berliner Mauerweg. Besucher können sich ihren Pass von einem „Grenzer" stempeln lassen (rechts). Hier ist auch eine kleine Ausstellung mit Bildern, Informationen und Karten.

Heute ist der Potsdamer Platz wieder belebt, voller Autos und Fußgänger. Sony, DaimlerBenz und andere Konzerne haben dort Wolkenkratzer errichtet. Es gibt wieder mehrere Kinos, ein IMAX, zwei Theater für Musicals, Restaurants und Bars, ein Casino, Hotels und ein Filmmuseum, das Marlene Dietrich gewidmet ist. Hier findet jeden im Februar die Berlinale statt, wo Stars wie Brad Pit und George Clooney auf dem Roten Teppich paradieren.

Das Foto oben links zeigt eine Replik der berühmten Ampel von 1924, heute nur noch ein Denkmal und eine Uhr (im Bürgersteig davor steht *Berliner Mauer 1961 – 1989*). Das obere Foto zeigt eine Säule, die den Anfang des Berliner Mauerweges markiert. Der dunkle Streifen auf den Granitplatten folgt dem Pfad der Mauer und wird ein paar hundert Meter weiter zu der erwähnten Pflastersteinreihe. Die Hochhäuser im Hintergrund wurden von den Architekten Renzo Piano (links) und Hans Kollhoff (rechts) geplant.

Rechtes Fotos: Dieses beiden Kinder, Laura und Lorenz, amüsieren sich in Berlin. Dahinter stehen die letzten originalen Mauerteile vom Potsdamer Platz, bedeckt von Graffiti.

Oben: Der Wolkenkratzer der Deutschen Bahn.
Unten: Nach Los Angeles, Berlins Schwesterstadt, sind es 9269 Kilometer Luftlinie — eine Referenz an die Berlinale, zu der auch Hollywood kommt.
Links: An der Erna-Berger-Straße steht noch immer ein alter Wachturm aus den sechziger Jahren, klein und verloren zwischen den neuen Häusern. Der Neubauten wegen wurde er zehn Meter von seinem alten Standort verschoben. Inzwischen wurde er von einem Künstler erworben, der ihn für Besucher öffnen will.
Rechtes Bild: Ein letztes Segment der Mauer am Leipziger Platz, das Oktogon östlich des Potsdamer Platzes, direkt am U-Bahn-Eingang. Nach dem Bau der Mauer war der U-Bahnhof lange gesperrt.

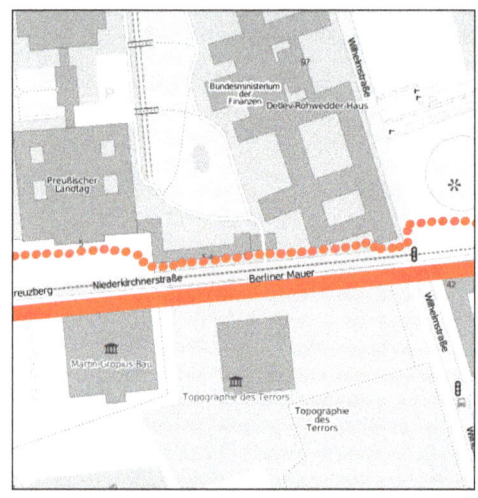

Topographie des Terrors

Mitte — Kreuzberg

An der Niederkirchner Straße liegt das Museum der Topographie des Terrors. Dies hier ist einer der dunkelsten Orte der deutschen Geschichte. Das Museum ist auf den Kellern des Hauptquartiers der Gestapo und der SS erbaut. Hier waren die Folterzellen, in denen politische Gefangene und Widerstandskämpfer exekutiert wurden. Darunter war auch eine Amerikanerin, Mildred Harnack, die zur Widerstandsgruppe Roten Kapelle gehörte, mit ihrem deutschen Ehemann Arvid Harnack. Sie hatten sich in Minnesota kennengelernt.

Heute ist das gesamte Gelände ein Museum. Neben einem Museumsneubau und einer Bücherei gibt es eine Freiluftausstellung, die von Hunderttausenden aus der ganzen Welt besucht wird. Auf der anderen Straßenseite liegt das Abgeordnetenhaus vom Berlin im alten Preußischen Landtag. Im heutigen Festsaal wurde 1919 die Kommunistische Partei Deutschlands gegründet. Nahebei, an der Ebertstraße, liegt das Holocaust-Memorial zum Gedenken an die sechs Millionen getöteten Juden Europas.

An der Wilhelmstraße, wo die Preußischen Ministerien lagen, gibt es einen DDR-Mini-Freizeitpark: Trabi Safari. Hier kann man einen Trabant ausleihen, das Plaste-Auto, das in der DDR gefahren wurde, heute allerdings mit Viertaktmotor und neu bemalt, in Farben, wie sie die DDR nicht kannte. Es gibt auch Trabi-Touren durch die Stadt, bei denen ein dutzend Autos Kolonne fahren.

Auch ein paar übrige Mauerstücke stehen auf dem Gelände herum, ebenfalls frisch bemalt, wenngleich nicht an ihrem ursprünglichen Ort. Auf der Ecke gibt es überdies noch einen Fesselballon, der einen weiten Blick über die ganze Stadt und bis hinein nach Brandenburg bietet. Die zwanzigminütige Fahrt nach oben und zurück ist aber nichts für schwache Mägen.

Rechtes Bild: Ein Trabi, der von der DDR-Volkspolizei gefahren wurde. Die war übrigens nicht so volksnah, wie der Name vermuten lässt.

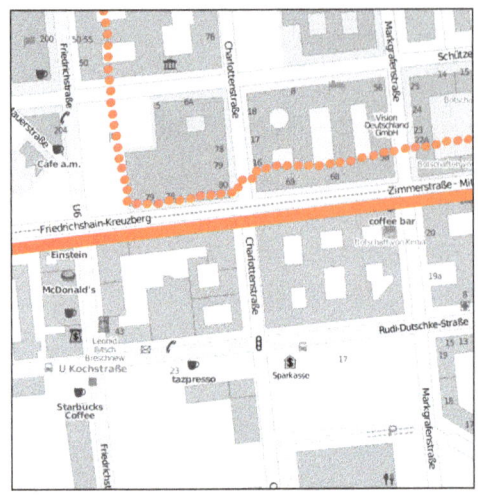

Checkpoint Charlie Zimmerstrasse

Mitte — Kreuzberg

Checkpoint Charlie ist die wohl berühmteste Grenzstation der Welt — deshalb spielen hier auch Spionagefilme wie James Bonds *Octopussy*. Aber hier geschahen vor allem echte Dramen: So standen sich hier am 27. Oktober 1961, wenige Monate nach dem Bau der Mauer, amerikanische und russische Panzer gegenüber, bereit, zu schießen. Berlin fürchtete den Ausbruch des Dritten Weltkriegs. Der Checkpoint der U.S. Army an der Friedrichstraße war für Ausländer und Armeeangehörige vorgesehen, die weniger streng kontrolliert wurden als West-Berliner, deshalb wurde hier viel geschmuggelt.

Nach dem Fall der Mauer wurde die weltbekannte Baracke in der Mitte der Straße demontiert, sie steht heute im Alliiertenmuseum in Zehlendorf. Aber der Touristen wegen wurde eine neue Baracke gezimmert; ein Mauer-Disneyland.

Die Replika steht nun am alten Checkpoint, samt Sandsäcken und „Soldaten", Studenten einer Schauspielakademie, die Geld für ihre Schule sammeln (hoffentlich). Für zwei Euro können sich Besucher mit einem amerikanischen und einem russischen Soldaten fotografieren lassen, mit dem berühmten Schild „You Are Leaving The American Sector".

Überall stehen Straßenhändler, die Matrjoschkas, Pelzhüte oder sozialistische Anstecknadeln verkaufen. Die Spuren der Mauer sind verschwunden, nicht aber die des Kalten Krieges: Ein Teil der Kochstraße wurde inzwischen in „Rudi-Dutschke-Straße" umbenannt, nach dem Studentenführer, der den Protest gegen den Vietnamkrieg angeführt hat. Dutschke wurde 1968 von einem Rechtsradikalen angeschossen und starb elf Jahre später an den Spätfolgen.

Oben: Die U-Bahn-Station Kochstraße hat nun den Beinamen „Checkpoint Charlie"

Links: Das Mauermuseum liegt an der Rudi-Dutschke-Straße. Im „Haus am Checkpoint Charlie" gibt es eine Ausstellung über Menschen, die versucht haben, zu fliehen, versteckt in Autos, Zügen oder gar Fesselballons. Am Eingang steht ein Original-Mauerstück.

An der Zimmerstraße ereignete sich im August 1962 eine Tragödie: Peter Fechter, ein 18-jähriger Maurer, der mit seinem Freund Helmut Kulbeik fliehen wollte, versuchte, über die Mauer zu klettern. Kulbeik schaffte es, aber Fechter wurde von drei Grenzern angeschossen. Er fiel im Todesstreifen auf den Boden, blutend, und konnte nicht mehr aufstehen. Er schrie, aber weder die Ost-Berliner Grenzer, noch die West-Berliner Polizei, noch amerikanische Soldaten, denen befohlen war, nichts zu unternehmen, taten etwas, derweil eine wachsende Menge wütender Berliner auf beiden Seiten der Mauer "Mörder! Mörder!" rief.

Nachdem er eine Stunde lang geschrieen und um sein Leben gefleht hatte, starb Fechter. Die Grenzer zerrten seinen toten Körper in den Osten. Viele West-Berliner waren so wütend, dass sie in den Tagen danach amerikanische Armeefahrzeuge mit Steinen bewarfen. Heute steht ein Denkmal für Peter Fechter an der Zimmerstraße, mitten zwischen neuen Läden.

Östlich von Checkpoint Charlie, an der Sebastianstraße, ereignete sich ebenfalls eine Tragödie: Siegfried Noffke, ein West-Berliner, der versucht hatte, seine Frau aus dem Ostteil zu befreien, wurde ermordet. Er hatte seine Frau Hannelore in Prenzlauer Berg kennengelernt, in den fünfziger Jahren, aber das Paar wurde durch die Mauer getrennt. Noffke und zwei seiner Freunde, die auch Freundinnen im Ostteil hatten, gruben einen Tunnel unter der Sebastianstraße hindurch. Sie fingen in einem Keller in der Sebastianstraße 82 an zu graben, im Westteil.

Aber einer der Frauen, die sie retten wollten, erzählte ihrem Bruder davon, und der arbeitete für die Stasi. Er verriet die Retter. Als die drei zu einem Keller im Ostteil durchgedrungen waren, wurden sie von Maschinengewehrfeuer empfangen. Noffkes Freunde überlebten, er aber starb sofort. Die Tafel auf dem obigen Foto erzählt seine Geschichte.

Oben rechts: Die Tür der Sebastianstraße 82, das Haus, wo der Tunnel im Keller gegraben wurde.

Rechtes Bild: Kunst vor dem Eingang des Axel-Springer-Verlages, mit Originalteilen der Mauer sowie der Mauerskulptur „Grenzgänger", von Stephan Balkenhol. Die Zeitungen des Springer-Verlags schrieben stets, dass die Mauer eines Tages fallen würde, überdies hat Springer in seinem Redaktionsstatut die ewige Freundschaft mit Israel festgeschrieben (und den USA). Trotzdem baute Springer seine Zentrale ausgerechnet auf dem Jerusalemer Kirchplatz und riegelte die Straße zum Osten ab. Die Kirche und der Platz verschwanden spurlos.

  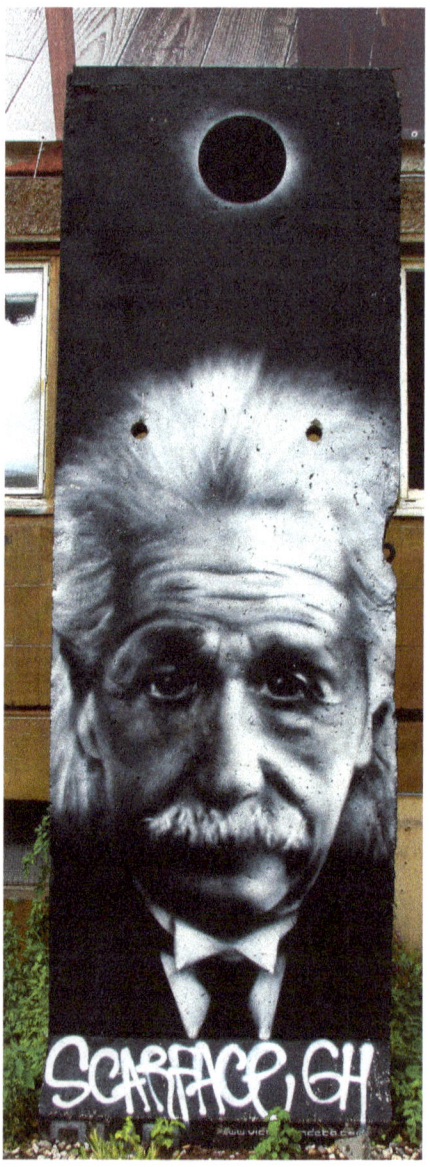

Oben: Je länger die Mauer weg ist, desto mehr „orinigale Mauerteile" tauchen in der Stadt auf. An der Köpenicker Straße, in der Nähe des ehemaligen Grenzübergangs Heinrich-Heine-Straße, sind mehr als ein Dutzend aufgestellt und bemalt worden, diversen Berühmtheiten gewidmet.

Gegenüberliegend: Mauerplatten im Märkischen Museum, das der Geschichte und dem Erbe Berlins und Brandenburgs gewidmet ist, in der Nähe der Spree. Das Gebäude sieht aus wie eine mittelalterliche Burg, wurde aber erst von 1904 bis 1908 erbaut und zwar vom damaligen Stadtarchitekten Ludwig Hoffmann.

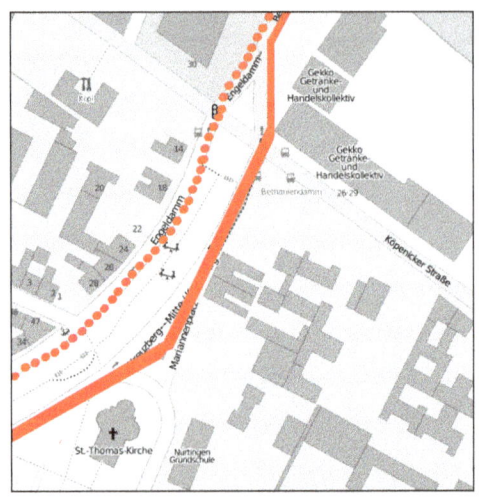

Bethaniendamm Thomaskirche

Mitte — Kreuzberg

Kreuzberg lag lange Zeit im Schatten der Mauer. Es wurde zur Wiege eines alternativen Lebensstils; hier lebten Hausbesetzer, Künstler, Musiker, Studenten und junge Männer, die vor dem Wehrdienst geflohen waren. Parteien wie die Grünen entstanden. Türkische Familien zogen in die alten Häuser, die von Berlinern verlassen wurden, die den Krieg, die Blockade und den Mauerbau überlebt hatten. Die Mauer war mit Graffitis bedeckt, und das Ost-Berliner Stadtzentrum schien weit weg.

Inzwischen wurde ein großer Teil der Vorkriegsarchitektur wiederhergestellt. Der Luisenstädtische Kanal von 1852 ist nun ein Park. Kirchen wie St. Michael und St. Thomas haben wieder Besucher. Im *Bethanien*, einem alten Krankenhaus, das in den siebziger Jahren besetzt wurde, leben nun Sinti und Roma, und Flüchtlinge. Aus der Mauer wurde ein grüner Pfad, und Kreuzberg rückte nahe an das Stadtzentrum heran.

Rechte Seite: St. Thomas am Bethaniendamm war einst die größte Kirche in Berlin mit 3000 Plätzen und 15000 Mitgliedern. Die Gemeinde wurde durch die Mauer getrennt, heute sind es nur noch um die 2000. Vorne ist eine der Stelen zu sehen, die die Geschichte der Mauer erzählen, die dort war, wo das rote Auto fährt.

Oben: Das *Radialsystem* und *Maria am Ostbahnhof*, zwei bekannte Berliner Clubs, in alten Fabrikgebäuden an der Spree.
Unten: Das *Baumhaus an der Mauer* neben St. Thomas. Das Gartenhaus wurde von Osman Kalin, ein türkischer Immigrant, zu DDR-Zeiten auf DDR-Gebiet erbaut, illegal, aber geduldet.

Gegenüber: Diese alte Eisfabrik von 1896 liegt an der Schillingbrücke, geschützt von der Hinterlandmauer. Als die Mauer fiel, wurde das Gebäude verkauft. Aber trotz des Denkmalschutzes und trotz Widerstands aus dem Kiez wurden Teile des Gebäudes abgerissen. Die Zukunft ist ungeklärt

Mit einer Länge von fast einem Kilometer ist die East Side Gallery das längste erhaltene Stück der Hinterlandmauer. Sie verläuft entlang der Spree, die früher die Ost-West-Grenze entlang des Bezirks Friedrichshain markierte. Nur wenige Wochen nach dem Fall der Mauer — als die DDR noch existierte — beschlossen Künstler aus Ost und West, sie zu bemalen. Die Stadt Berlin lud auf ihre Initiative 118 Künstler ein, um eine Freiluftgalerie zu schaffen.
Bis 2008 waren die meisten ihrer Werke verwittert und durch Graffiti beschädigt, so dass die Galerie für eine Million Euro renoviert wurde. Auch heute noch ziehen diese Gemälde jeden Monat Zehntausende von Touristen an. Die Graffiti sind jedoch zurückgekehrt — wie man an dem Gekritzeln auf den bunten Gesichtern von Thierry Noir sehen kann,.

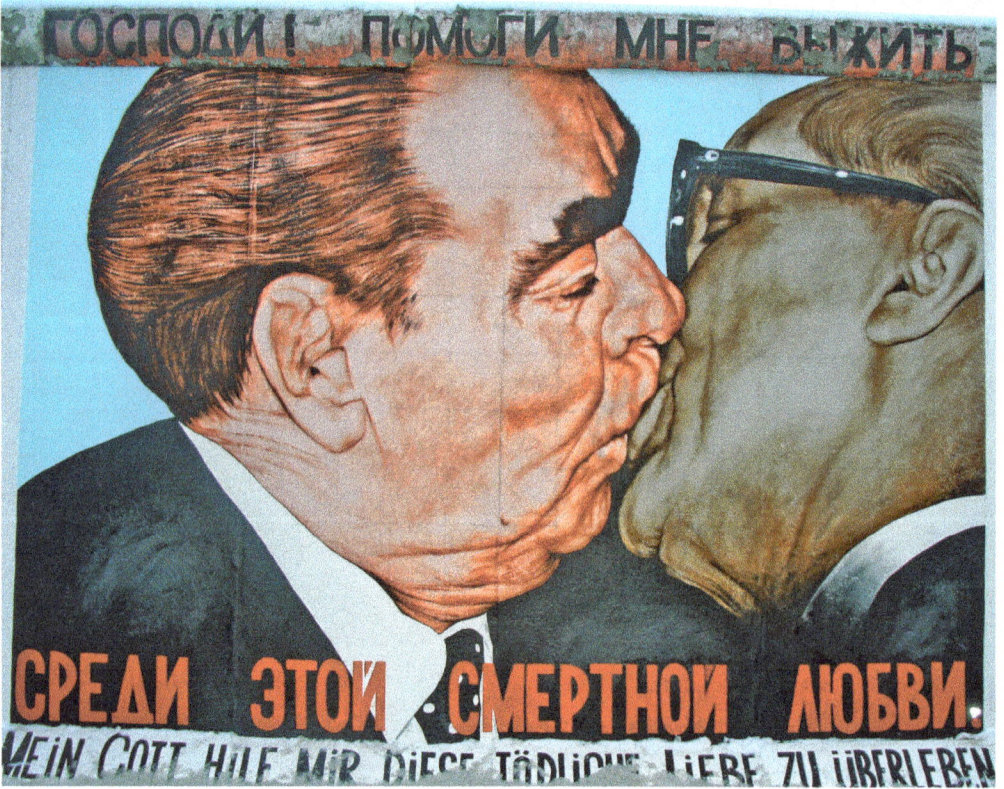

Links: Dimitrj Vrubel malte dieses küssende Paar: Leonid Breschnew, der Generalsekretär des Zentralkomitees der Kommunistischen Partei der Sowjetunion, und Erich Honecker, sein ostdeutscher Amtskollege.

Gegenüberliegende Seite: Birgit Kinder schuf dieses weltberühmte Bild eines DDR-Trabis, der die Mauer durchbricht.

Mitte: Eine von vielen Touristinnen aus Japan posiert vor einem Bild der East Side Gallery.

Unten: Das ikonische Gemälde von Gerhard Lahr mit dem Titel *New York - Berlin - Tokyo*.

Gegenüber: Dieses Gemälde von Kani Alavi symbolisiert den Tag im November 1989, als die Mauer fiel und Tausende von Menschen nach West-Berlin strömten. Alavi ist ein Berliner Künstler, der in Persien geboren wurde. Seine Kunst ist auch im Gebäude der Vereinten Nationen in New York zu sehen.

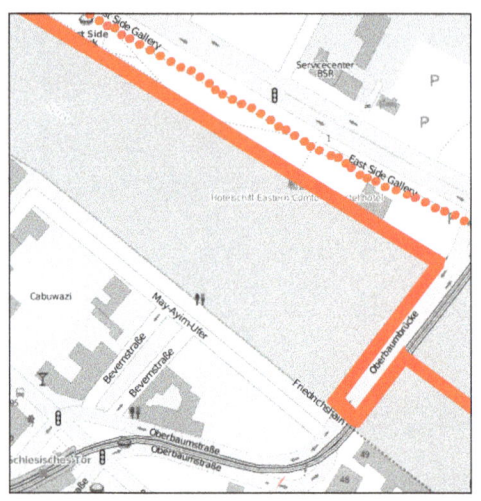

Oberbaumbrücke
East Side Gallery

Friedrichshain — Kreuzberg

An der Oberbaumbrücke endet die East Side Gallery. Die Brücke war zu Mauerzeiten der Grenzkontrollpunkt, wo die West-Berliner in den Ostteil gelangen konnten; aber nur zu zu Fuß und auch erst seit 1963. Die Jahre zuvor war dies überhaupt nicht möglich gewesen. Die Brücke aus roten Ziegeln wurde bereits 1896 eröffnet; damals als die schönste in ganz Berlin. Sie verband Kreuzberg und Friedrichshain. Der Name stammt aus dem 18. Jahrhundert, als eine mit Eisen beschlagene Stange, ein Baum eben, am Oberlauf der Spree Schiffe zum Zahlen des Zolls anhielt.

Die Türme wurden im Zweiten Weltkrieg schwer beschädigt. Erst 1995 wurde die Brücke renoviert, nach Plänen des spanischen Architekten Santiago Calatrava. Dabei wurden die Türme von einem Berliner Bären und einem Brandenburger Adler aus Kupfer geschmückt. Auch die U-Bahn, welche die Brücke seit 1902 überquert hatte und die während der Mauerzeit am Schlesischen Tor endete, wurde restauriert. Dazu wurden Straßenbahngleise gelegt; allerdings lässt die Straßenbahn noch auf sich warten.

Die Brücke war auch Teil der Kulisse in dem Tom-Tykwer-Film *Lola Rennt*. Und außerdem: In jeden Sommer treffen sich hier Kreuzberger und Friedrichshainer für einen „Kampf", bei dem sie einander mit faulem Gemüse bewerfen. Obwohl die beiden Bezirke ja nun politisch vereint sind.

Oben: Eine Version des Berliner Bären, vor der neuen O2-Sportarena gegenüber der East Side Gallery.

Links: Ein Besucher aus Amerika an der früheren Mauer.

Unten: Diese Seitenstraße ist nach Tamara Danz benannt, einer berühmten Rocksängerin in der DDR, die 1996 an Krebs starb.

Gegenüber: Vor Schamil Gimajews Gemälde *World's People, wir sind ein Volk* wurde eine Tür mit Liebesschlössern angebracht.

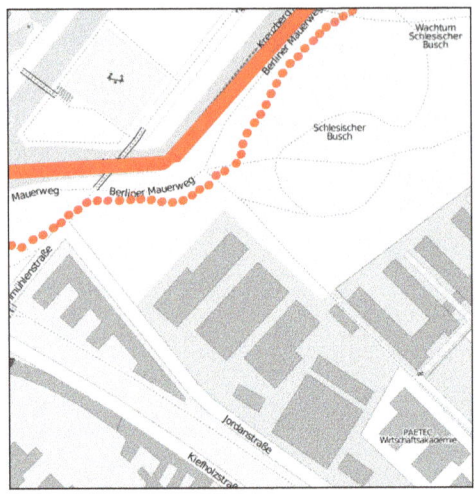

Wachturm Schlesischer Busch

Treptow — Neukölln

Die Mauer verlief am Landwehrkanal nach Treptow und zum Schlesischen Busch, einem Park am Kanal. Der Name erinnert an die vielen Arbeiter und Dienstmädchen, die um 1900 aus Schlesien nach Berlin kamen. Aus dem Landwehrkanal wurde in den Anfängen der Weimarer Republik die Leiche von Rosa Luxemburg geborgen, eine polnisch-jüdische Kommunistin, die mit dem deutschen Kommunistenführer Karl Liebknecht von rechten Freikorpsler ermordet worden war. Am 15. Januar 1919 warfen die Mörder Luxemburgs Leiche in den Kanal. Die Linke rief zum Streik auf, es gab Aufstände, Tausende wurden von Soldaten und Freikorpsmännern getötet.

Die Mauer verlief weiter an der Heidelberger Straße, der Harzer Straße und der Kiefholtzstraße. Hier wurden 1966 zwei Kinder von DDR-Grenzern mit Maschinengewehren erschossen; der zehnjährige Jörg Hartmann und der 13-jährige Lothar Schleusener; die jüngsten Maueropfer. Erst 1997 wurde einer dieser Grenzer zu einer Bewährungsstrafe verurteilt.

Rechtes Bild: Dieses Grundstück an der Harzer Straße wurde von der Mauer eingegrenzt; deshalb wurde es zu DDR-Zeiten enteignet., und das Wohnhaus darauf abgerissen Als die Mauer fiel, weigerte sich die Bundesregierung jedoch, die Mauergrundstücke zurückzugeben. Joachim Hildebrandt, der frühere Besitzer, protestiert auf diesem Schild gegen das fortdauernde „Mauerunrecht".

Gegenüber: Einer von nur fünf Wachtürmen, die erhalten geblieben sind; er steht im Schlesischen Busch. 1990 haben Künstler darin das *Museum der Verbotenen Kunst* eingerichtet, für Bilder, die in der DDR verboten waren. Heute sind hier im Sommer wechselnde Ausstellungen, aber auch eine Dokumentation zur Grenze.

Links: Auf diesem Schulhof an der Heidelberger Straße in Treptow blieb ein Rest der Hinterlandmauer stehen.

Südlich vom Schlesischen Busch ist kaum noch etwas von der Mauer übrig. Nur noch ein Mahnmal steht dort, am Britzer Verbindungskanal zwischen Treptow und Neukölln, es erinnert an Chris Gueffroy, den letzten Flüchtling, der an der Mauer erschossen wurde, im Februar 1989. Der 20-Jährige wollte mit einem Freund durch den Kanal nach West-Berlin schwimmen, weil er gehört hatte, der Schießbefehl sei aufgehoben. Ein Irrtum. Er wurde von Grenzern entdeckt; der Freund wurde festgenommen, Chris wurde mit zehn Kugeln erschossen.

Die vier Fotos unten zeigen die Maueropfer Günter Litfin, Chris Gueffroy, Lothar Schleusener und Peter Fechter, die Fotos rechts oben zeigen Siegfried Noffke und Ida Siekmann. Sie stammen aus dem "Fenster der Erinnerung" an der Bernauer Straße.

Alle sind lange tot, aber keiner derer, die an der Mauer starben, wird jemals vergessen sein.

Berlinica präsentiert

Neue Bücher 2023-2024

Gebunden, sw, 64 Bilder; 20,00 €
Format: 224 Seiten; 22,8 x15,2 cm
ISBN: 978-3-96026-012-7
       978-3-96026-075-2

Gebunden, ca 80 Bilder; 22,50 €
Format: ca 200 Seiten;
       21,6 x14,0 cm
ISBN: 978-3-96026-058-5

Gebunden, s/w, 9 Bilder; 20,00 €
Format: 192 Seiten; 21,6 x14,0 cm
ISBN: 978-3-960260-51-6
      978-3-96026-052-3

Broschur, s/w; 20,00 €
Format: 230 Seiten; 29,7 x 210 cm
ISBN: 978-3-96026-053-0
      978-3-96026-077-6

Broschur, ca 50 Bilder; ca 20,00 €
Format: ca 300 Seiten;
       22,4 x15,2 cm
ISBN: 978-3-96026-061-5

Gebunden, s/w, 90 Zeichn.; 16,00 €
Format: 272 Seiten; 22,4 x 15,2 cm
ISBN: 978-3-96026-036-3
　　　　978-3-96026-044-8

Gebunden, s/w, 102 Zeich.; 16,00 €
Format: 272 Seiten; 22,4 x 15,2 cm
ISBN: 978-3-96026-037-0
　　　　978-3-96026-045-5

Gebunden, s/w, 81 Zeichn.; 16,00 €
Format: 272 Seiten; 22,4 x 15,2 cm
ISBN: 978-3-96026-038-7
　　　　978-3-96026-046-2

Broschur, s/w, 177 Bilder; 24,00 €
Format: 218 S.; 28,3 x 21,6 cm
ISBN: 978-3-96026-000-4
　　　　978-3-96026-001-1

WIDERREDE DER ÜBERGANGENEN FRAUEN EIN UNHEILIGER SCHRIEB
Zwischen den Zeilen der Lutherbibel

JEAN-PAUL BARBE

Broschur, s/w; 10,50 €
Format: 172 S.; 20,3 x 12,7 cm
ISBN: 978-3-96026-007-3
　　　　978-3-96026-003-5

Broschur, farbig; 105 Bilder, 18,00 €
Format: 96 Seiten; 25,4 x 20,3 cm
ISBN: 978-3-96026-094-3
Gebunden: 978-3-96026-095-0

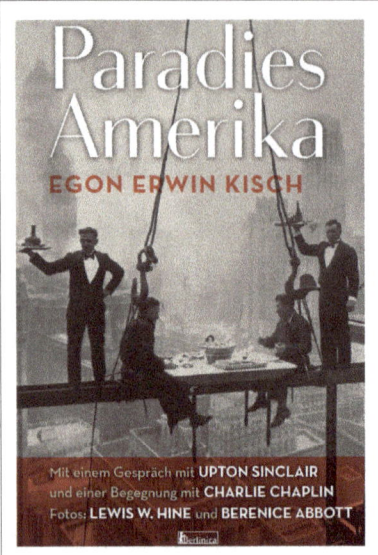

Gebunden, s/w, 41 Bilder; 12,00 €
Format: 320 Seiten; 22,4 x 15,2 cm
ISBN: 978-3-96026-039-4
       978-3-96026-048-6

Broschur, s/w, 6 Bilder; 10,50 €
Format: 168 Seiten; 21,6 x 14,0 cm
ISBN: 978-3-96026-033-2
       978-3-96026-049-3

Broschur, sw, 4 Bilder; 11,50 €
Format: 136 Seiten; 21,6 x 14,0 cm
ISBN: 978-3-96026-050-9
       978-3-96026-082-0

Broschur, s/w, 20 Bilder; 14,00 €
Format: 210 S.; 21,6 x 14,0 cm
ISBN: 978-3-96026-023-3
       978-3-96026-088-2

Gebunden, sepia, 22 Bilder; 12,00 €
Format: 96 Seiten; 20,3 x 12,7 cm
ISBN: 978-3-96026-018-9
       978-3-96026-019-6

Broschur, sw, 6 Bilder; 10,50 €
Format: 116 Seiten; 20,3 x 12,7 cm
ISBN: 978-3-96026-020-2
       978-3-96026-096-7

www.ingramcontent.com/pod-product-compliance
Lightning Source LLC
LaVergne TN
LVHW070216080526
838202LV00067B/6830

9 783960 260783